AF261659

A MES CONCITOYENS

POUR LE

MAINTIEN DE LA RÉPUBLIQUE

COMME GOUVERNEMENT NATIONAL

> Le Pontife romain *ne peut et ne doit* se réconcilier et se mettre d'accord avec le progrès, avec le libéralisme et avec la civilisation moderne.
> *(Syllabus).*

> La fécondité de l'esprit est inépuisable, il produit continuellement, et ses inventions peuvent être tout ensemble sans fin et sans interruptions.....
> (Pascal.)

> Vous êtes des navigateurs en amont destinés à être submergés dans votre navigation insensée.
> (Chateaubriand).

QUIMPER

Typographie d'Alphonse CAEN dit LION

1872

A MES CONCITOYENS

POUR LE

MAINTIEN DE LA RÉPUBLIQUE

COMME GOUVERNEMENT NATIONAL

> Le Pontife romain *ne peut et ne doit* se réconcilier et se mettre d'accord avec le progrès, avec le libéralisme et avec la civilisation moderne.
> (*Syllabus*).

> La fécondité de l'esprit est inépuisable, il produit continuellement, et ses inventions peuvent être tout ensemble sans fin et sans interruptions.....
> (Pascal.)

> Vous êtes des navigateurs en amont destinés à être submergés dans votre navigation insensée.
> (Chateaubriand).

QUIMPER

Typographie d'Alphonse CAEN dit LION

1873

A MES CONCITOYENS

POUR LE MAINTIEN DE LA RÉPUBLIQUE

COMME GOUVERNENENT NATIONAL.

Messieurs,

De retour dans mon pays, après une absence de trois ans j'eus désiré, à l'occasion du concours régional de Loctudy, faire part à mes concitoyens du sentiment qui, en ce moment, anime la France, M. le Président en ayant décidé autrement en me refusant la parole au banquet du 15 septembre.— Je vous adresse ma lettre aux agriculteurs, je crois utile en ce moment de la rendre publique, et d'y joindre quelques pièces justificatives, en réponse aux accusations que l'on adresse à ma politique.

Voici d'abord, dans toute sa teneur, dans toute sa vérité, la lettre que j'eus désiré lire au banquet de Loctudy. Vous voudrez bien vous rapporter à la situation, et vous pénétrer du sentiment qui l'a dictée.

« Messieurs et chers concitoyens,

« Notre réunion est une réunion de famille, notre cercle celui qui conseille, autorise la confiance, les confidences expressives ; chacun ici a le droit et le devoir d'émettre son opinion s'il la croit utile, tout en respectant celle des partis contraires.

« Ne me témoignez donc, je vous prie, ni haine ni indifférence ; nous sommes tous de la grande famille française.

« Dans tous les partis je connais des hommes que j'estime, que j'aime, nul de nous n'a le droit de dire je suis dans le vrai, nous pouvons être, en politique d'avis contraire sans pour cela être ennemis. Nous sommes des navigateurs, en péril, entraînés par des courants différents, nous cherchons celui qui doit nous conduire au port le plus sûr.

« Nous sommes à la recherche de la vérité, le grand débat qui occupe, en ce moment, la France du nord au midi, sera soumis à l'opinion de la nation qui décidera quel parti a mieux profité des leçons de l'histoire. Dans cette grande chose que l'on nomme les destinées de la patrie, les susceptibilités de clochers doivent disparaître si on a sous le sein gauche tant soit peu de patriotisme.

« Ne voyez donc, mes chers concitoyens, dans mes paroles qu'une aspiration généreuse à la conciliation de nos différents politiques. Sans parti pris de jalousie, de rancune ou de haine contre ceux qui ne voient pas comme moi.

« Je viens donc, en peu de mots, vous féliciter de vos travaux, de votre mouvement intelligent et vous faire part de mes réflexions politiques.

« Mon nom, Messieurs, m'assure de votre part un accueil sympathique. Il n'est pas un homme de mon âge qui ne se rappelle qu'il y a à peine 30 ans, la pomme de terre qui fait aujourd'hui vôtre richesse, était rare et presque inconnue en Bretagne. M. Le Normant, mon père, à cette époque, prit l'initiative de percevoir ses revenus en produits agricoles afin d'encourager la culture de ce précieux tubercule importé d'Amérique en France par Parmentier.

« Un autre douloureux souvenir, un souvenir plus récent, celui de Mme Bohant, sœur de ma mère, qui fut pendant un demi-siècle, l'ange bienfaiteur, civilisateur de notre localité. Ces souvenirs me font espérer de trouver ici, dans cette réunion, un peu de bienveillance et d'attention pour entendre les réflexions que j'ai l'honneur de soumettre à votre appréciation.

« Mon cœur eût voulu vous dire, de vive voix, toutes mes pensées ; mais je suis ici au milieu de vous qui avez connu mon enfance, dans un pays que des malheurs de fortune m'ont fait quitter, dans ce pays que nous aimons tous parce qu'il est nôtre, et qu'il a bien des faveurs à notre égard, par son sol producteur et ses rivages qui nous donnent ses engrais. L'émotion pourrait m'entraîner au-delà des limites que me trace la situation politique actuelle.

« Puis, Messieurs, « les paroles s'envolent, les écrits restent, » et ce que j'ai à vous dire est sérieux, très-sérieux, car il s'agit de la paix publique. Je vous demande donc de vouloir bien m'autoriser à vous lire un passage d'une brochure que j'ai envoyée à la presse et qui vous sera remise sous peu de jours.

« Avant d'entrer en matière, permettez-moi encore quelques réflexions.

« Nous voyons au milieu de nous, et dans nos conseils, des hommes qui n'ont aucun passé politique, et je me demande à quel titre ils ont votre confiance.

Je cherche dans mes souvenirs la preuve de leurs travaux, la certitude de leurs convictions, et je ne vois rien qui puisse autoriser à les prendre pour chef, quand il s'agit de défendre les idées modernes. Ont-ils signé un contrat avec la génération future ? Représentent-ils la famille, la religion, les idées libérales, l'économie sociale, politique ? Ont-ils jamais rien affirmé à cet égard ?

« Je n'ai pas ici à sonder le passé depersonne ; la vie privée doit être murée ; mais en rentrant dans la vie publique, ils nous doivent compte de leurs antécédents.

« Non pas que je doute du sentiment d'honneur de tous ceux qui habitent nos conseils, mais chacun envisage le bonheur de la France à son point de vue, et beaucoup sont entraînés, par des mirages, dans des erreurs fatales. La question est en ce moment très-tendue, nous avons été assez souvent pris au piège, et nous sommes invités, par nos douleurs, à une grande circonspection. Il nous faut des faits, des certitudes, la garantie du serment, du serment d'honneur, du serment écrit ; c'est-à-dire du mandat impératif qui soumet le mandataire au contrôle des mandants.

« Cette réunion de travailleurs des champs que le concours régional a mis en présence est un spectacle qui réjouit ceux qui, comme moi, s'intéressent si vivement et avec une ardente sollicitude à la production de notre belle contrée.

« Ces récompenses si bien méritées, ces triomphes pacifiques du travail sont faits pour relever nos courages et fortifier nos espérances.

« Après les malheurs sans nombre, qui ont fondu sur notre pays, il est consolant de voir que rien n'arrête l'essort de la France, et que notre chère Bretagne, en particulier, donne les preuves d'une vitalité puissante et d'une fécondité que bien des contrées pourraient lui envier.

« Agriculteurs, cultivateurs, métayers, vous tous gens de travail, qui par un labeur incessant, et

l'opiniatreté de vos efforts, faites produire à la terre
ses meilleurs fruits et contribuez à la richesse générale, permettez que je vous parle, en toute franchise.

« Vous possédez assez de grandes qualités ; vous
êtes laboureurs, sobres, économes, durs à la fatigue ;
l'ambition malsaine n'entre pas dans vos cœurs et
vous avez le culte de la famille.

« Pourquoi faut-il qu'à ce tableau tout à votre
honneur, vienne se joindre une goutte amère de cri-
tique.

« En dehors de vos champs et de vos semailles, de
vos récoltes, vous pensez en avoir fini avec vos de-
voirs publics, et c'est un trait de votre caractère,
trop souvent constaté, que vous vous désintéressez
avec trop d'indifférence des affaires de l'État.

« Or, Messieurs, je ne saurais trop le répéter, l'origine de nos malheurs, provient de ce que nous remet-
tons à un seul homme le soin de nous diriger ; nous
nous endormons sur la foi d'un pouvoir absolu, et
si un jour nous nous réveillons avec une guerre témé-
rairement engagée, des arsenaux vides, des places
fortes mal approvisionnées, une armée inférieure en
force numérique à celle de notre adversaire, c'est que
nous avons eu le tort de confier à un seul homme
les destinées de la patrie.

« Nos malheurs passés doivent être un enseignement
pour l'avenir. Nous avons vu l'Empire ! Beaucoup

d'entre vous, abusés par une fausse quiétude, ont cru à sa solidité inébranlable.

« Je savais que penser de ce pouvoir dont la base était vermoulue ; je savais où nous conduirait cette belle invention des candidatures officielles, ces députés complaisants qui ne savaient rien refuser au gouvernement, ces préfets dociles et serviles qui veulent faire le silence autour du trône, et lorsqu'en 1863, je dénonçais les dangers auxquels nous exposait cette politique absurde de tout rapporter au maître, je fus traité, ainsi que tous ceux qui, comme moi, jetaient le cri d'alarme dans ce concert d'éloges, comme un brouillon et un fauteur de désordre.

« Et cependant, Messieurs, j'aurais tort de m'enorgueillir d'une clairvoyance qui était dans la nature des faits.

« Toutes les fois qu'un pouvoir sera abandonné à lui-même, il pourra accomplir de grandes choses, mais nous mènera, tôt ou tard, et cependant fatalement, à une catastrophe.

« Ce qui a perdu l'Empire, c'est le manque de contrôle.

« Au lieu de nommer des mandataires indépendants et courageux qui eussent pu l'éclairer, non le flatter, le prévenir, et non le pousser sur les pentes dangereuses où il a glissé.

« Vous avez envoyé à la Chambre des députés muets,

qui, semblables à des machines ou à des phoques savants, ne savent que répondre Oui à toutes les questions qu'on leur adressait.

« Le résultat, vous l'avez vu, et il est encore assez présent à vos yeux, pour que je ne crois pas devoir m'y arrêter davantage.

« Que cette terrible épreuve nous serve de leçons. La vraie souveraineté réside en vous.

« Exercez-la en hommes soucieux de ne plus retomber dans les mêmes errements.

« Comparez d'ailleurs votre position sociale à celle que donnait à vos pères l'ancien régime.

« Aujourd'hui vous travaillez pour vous, vous améliorez le sol pour vous ; vous êtes propriétaire de votre champ, de votre maison, de votre charrue.

« Vous n'êtes pas le dépendant d'un maître dont vous subissez le caractère bon ou mauvais.

Vos pères n'étaient rien, vous comptez maintenant dans la société ; vous et vos enfants pouvez aspirer aux plus hauts emplois, régler les affaires de votre commune, que dis-je, armé d'un bulletin de vote, vous pouvez affirmer hautement et légalement votre souveraineté à l'égal d'un comte ou d'un marquis.

« Ce sont là, Messieurs, des conquêtes précieuses, auxquelles vous devez tenir comme à votre père. Le suffrage universel est menacé, défendez-le; l'existence de la République est attaquée, sauvez-la !...

« Et qu'est-ce donc, après tout, que cette République dont vos ennemis essaient de faire prendre le mot comme un épouvantail et comme synonime de désordre et de bouleversement?

« C'est le gouvernement de tous par tous, c'est le *self-governement*, dont les anglais sont si fiers et se trouvent si bien! Ah! Messieurs, je voudrais pouvoir faire passer dans vos esprits la conviction que j'ai de l'excellence de la République sur les autres gouvernements.

« La République c'est la nation librement consultée et nommant librement ses représentants.

« Ces mandataires que vous avez choisis et à qui vous devez imposer une ligne de conduite, gouverneront bien plus sagement qu'un despote, car la discussion amène le contrôle, et vous ne serez plus exposés aux caprices et à l'ambition d'un homme qui, eut-il le génie de Napoléon Ier, est toujours susceptible de se tromper et beaucoup plus préoccupé de l'avenir de la dynastie que du vôtre.

« Sous une République honnête et modérée, comme je le veux, on ne voit plus subsister ces abus qui se perpétuent sous les cours.

« L'économie est à l'ordre du jour, et les impôts

énormes amenés par l'aveuglement d'un gouvernement absolu, se réduiront peu à peu et seront répartis
avec plus de justice.

« On essaiera de vous faire croire, comme je l'entends répéter tous les jours, que « la République est
impossible en France » ces bruits viennent des intéressés ; répondez à ceux qui vous tiennent ce langage :
« mais c'est vous qui ne voulez pas qu'elle vive ! »

« Que diriez-vous, en effet, d'un médecin qui,
chargé de soigner un malade et lui administrant une
forte dose de poison s'étonnerait après cela de ne
pas le voir vivre.

« Pardonnez-moi cette image, Messieurs, mais elle
vous montre que les gens qui vont criant partout
« que la République est impossible » que ceux-là
mêmes sont les plus acharnés à sa chûte.

« Messieurs, puisque cette fête nous rapproche en
ce moment pour nous communiquer nos pensée, laissez-moi vous dire que le moment est solennel, il s'agit
de savoir si nous voulons retomber dans l'ornière des
révolutions en refaisant une monarchie bientôt défaite,
ou, si maintenant la République comme forme de
gouvernement, nous voulons commencer une ère
nouvelle de grandeur et de paix.

« Le mal est à moitié guéri quand on connaît le
remède et comme l'a dit fort éloquemment à la tribune

M. le duc d'Audiffret-Pasquier : « un pays n'est pas « près de la décadence lorsqu'il a le courage de re-« connaître ses fautes et l'énergie de les réparer. »

« Cette énergie est d'autant plus nécessaire en ce moment, que les partis monarchiques, dans un but facile à comprendre, essaient de nous ramener un maître.

« Tâche périlleuse, difficile, qu'il tient à nous, à notre fermeté, à notre dignité d'hommes libres, de ne pas laisser s'accomplir !

« Des commis-voyageurs en royauté, ce n'est un mystère pour personne, veulent, vous le savez, Messieurs, restaurer parmi nous, la monarchie du droit divin.

« Ils veulent tenter cette restauration impossible, à l'aide d'une surprise, sans consulter la nation, dont ils disposent comme d'une chose leur appartenant !

« Or, Messieurs, nous ne sommes plus au temps où Louis XIV pouvait dire : « L'Etat, c'est moi ! » Au-dessus de la légitimité il y a la légitimité des vœux de la nation.

« Vouloir ramener la France à cinquante, cent ans en arrière, c'est une fantaisie grotesque capable de germer dans le cerveau seul de gens avides de places et d'honneurs, parasites de cour et quêteurs de cordons.

« Je sais que je m'adresse ici à la catholique Bretagne, où jadis la royauté eut ses derniers défenseurs, mais j'ai assez de confiance dans votre patriotisme éclairé et le grand bon sens breton, je connais trop l'esprit dont sont animés mes concitoyens, pour affirmer hardiment qu'ils apporteront la même fidélité à défendre les conquêtes de la Révolution, que celle qu'ont eue leurs pères en défendant la royauté.

« Le drapeau blanc n'est plus votre unique bannière ; vos fils ont versé noblement leur sang sur les champs de bataille, en plantant à Malakoff ou à Solférino le le drapeau tricolore.

« Je ne doute pas que vous soyiez dans ces idées. Les étrangers disent souvent qu'en Bretagne l'ignorance et la subjection faisaient d'elle la terre classique de l'absolutisme.

« Donnons, par nos votes libéraux, un démenti formel à ceux qui nous jugent ainsi sans nous connaître.

« Montrons que l'esprit de progrès a pénétré dans la vieille Armorique, et que nous serons les premiers comme les derniers à défendre la République et le suffrage universel.

« Je bois, Messieurs, à la santé du fondateur de la République française ; c'est un hommage de reconnaissance que nous devons au patriotisme du grand citoyen qui a sacrifié ses préférences sur l'autel de la patrie.

« Je bois, Messieurs, à la santé de M. Thiers. Je bois à la République. »

Voilà, Messieurs, ce que j'eusse désiré vous dire au banquet du 15 septembre dernier, dans mon discours, si M. votre Président, après s'être concerté avec M. le Maire, ne m'avait refusé la parole, sous prétexte que j'allais aborder des considérations politiques.

J'ai dû m'incliner devant cet abus d'autorité, donnant ainsi l'exemple de la modération et du respect de la légalité, mais laissant à votre arbitrage l'appréciation de ce manque de convenance.

Qu'il me soit permis de vous dire ici que ce n'est pas sans tristesse que je vois interdire la parole aux républicains. Et par qui? Par ceux-là même qui s'intitulent nos chefs républicains, quand nos ennemis annoncent à son de trompe et crient par dessus les toits leurs préférences monarchiques et factieuses.

Et cependant, Messieurs, je vous le demande, si jamais moment de parler est venu, c'est bien à l'heure actuelle, ou alors il faut désespérer de notre bon sens politique.

Si une voix libre ne peut se faire entendre dans

notre département, on dira du Finistère ce qui a été dit du Morbihan : « *C'est une tâche noire sur la carte de France.* »

Oui, puisqu'il en est temps encore, n'en déplaise aux prudents et aux habiles, jetons le cri d'alarme.

« Les conquêtes de la révolution sont menacées, et si nous n'y prenons garde, on nous ramènera au beau temps de la féodalité ! »

Et c'est lorsqu'il faut démasquer ces menées audacieuses, montrer l'étendue du péril que des habiles républicains douteux, nageant entre deux eaux, celle de la royauté et celle de la République, prêchent le silence et, sous le prétexte de ne blesser aucune susceptibilité politique, voudraient, pour me servir d'une locution familière « ménager la chèvre et le choux. »

Eh bien ! non Messieurs, ces habiletés et ces réticences calculées, je ne les comprends pas,

Pressentant le danger qui nous menace, je le dénonce hardiment, et j'estime qu'on ne s'expliquera jamais trop catégoriquement.

Et quoi ! Voilà des hommes qui briguent un mandat pour vous représenter, qui se disent les défenseurs de vos droits, et qui croiraient leur dignité compromise en affirmant publiquement leurs opinions républicaines.

Etrange dignité politique, avouez-le, que celle qui consiste à ne pas trop s'avancer, pour se réserver une porte de derrière!

Etranges candidatures que les candidatures muettes! Mais hélas trop connues.

Les défections parlementaires nous ont appris à nous méfier de ces gens tout prêts à nous crier ainsi que nous l'enseigne le Bon Lafontaine :

> Je suis oiseau, voyez mes ailes.
> Je suis souris, vivent les rats.

Non, Messieurs, les candidats louches, vous ne nous aurez pas comme dupes ; vous voudriez à l'aide d'un équivoque et sans rien ébruiter, vous faire donner un mandat, pour, après l'avoir obtenu, soigner vos intérêts individuels avant ceux de la République.

Ces petits calculs nous donnent la mesure de votre caractère et de la confiance que nous devons attacher à vos promesses comme chefs républicains.

En finissant, je conjure donc mes concitoyens qui veulent conserver la République, de ne donner leurs suffrages qu'en connaissance de cause.

Qu'ils se méfient de ces candidats à double face.

Républicains douteux qui, envoyés à la Chambre pour voter à gauche, iraient, ainsi que tant d'autres, siéger parmi les purs de la droite en riant de la naïveté de leurs électeurs.

Loctudy, le **18 septembre 1873**.

————

P.-S. — Mais que les électeurs y songent bien, ceux des campagnes surtout qui vont être circonvenus de toutes façons, le pays doit être désormais à l'abri des révolutions. Qu'ils repoussent avec indignation les énergumènes, et qu'ils aient toujours présente à l'esprit cette vérité « qu'on n'est point un modéré par cela seul qu'on est un royaliste. » La Commune d'Espagne en est l'exemple terrible.

Les paysans se verront saluer les premiers par des *Messieurs* ; les uns tâcheront de les séduire par des paroles mielleuses, les autres de les effrayer par les menaces de bouleversements imaginaires. Il n'y a pas d'hypocrisie, pas de promesses, pas de mensonges qui coûtent aux ennemis de la liberté.

Il est nécessaire que la prochaine Assemblée soit débarrassée de ces tiraillements intérieurs qui paralysent toute bonne volonté. Nous avons besoin de gens éclairés, calmes, énergiques, de députés qui aiment leur pays et non un prince plus ou moins inconnu. La fidélité est une belle chose sans doute, mais il ne faut pas que la fidélité pour un prince soit une trahison envers la patrie.

LETTRE JUSTIFICATIVE

Messieurs,

Il m'a été rapporté, par des amis, à mon retour en Bretagne, que des gens mal intentionnés cherchent, par des imputations calomnieuses, à dénaturer mes sentiments politiques et à me représenter comme un partisan de l'opinion avancée.

Les cabales politiques ont existé dans tous les temps et dans tous les pays. Elles font œuvre de dénigrement prémédité : salir les réputations honnêtes et étouffer, sous le ridicule les aspirations généreuses ; tel est le but généreux qu'elles se proposent d'atteindre.

Ces attaques sont si misérables, que c'est à peine si je veux m'y arrêter ; il me répugne d'entrer en discussion avec des gens qui ne sont d'aucun parti et ne veulent pas voir de conviction chez les autres.

Cependant, je tiens à ce qu'il ne subsiste aucun doute sur mon caractère politique. Beaumarchais a dit une parole fort vraie : « Calomniez, il en restera toujours quelque chose. » Les imbéciles vont répétant ce que les méchants inventent.

C'est pour faire table rase de toutes ces insinuations perfides, qui pourraient prendre corps, si je ne me donnais la peine de les réfuter, que je prends aujourd'hui la plume.

Je ne me défends pas comme accusé ; ce que je veux, c'est rétablir la vérité obscurcie à dessein.

Vous verrez, Messieurs, par ce court mémoire que j'ai l'honneur de placer sous vos yeux, que depuis **1863,** époque à laquelle je me suis présenté devant les électeurs, comme candidat de l'opposition, ma conduite n'a donné lieu à aucune contradiction.

Le grand reproche qu'on m'adresse, et sur lequel mes *adversaires sont intarissables* en *saillies* plus ou *moins spirituelles*, c'est que j'appartiens à la noblesse par ma naissance, et qu'en prenant fait et cause pour la République, je déroge à mes traditions de famille. On me fait un crime d'une noirceur énorme d'être noble et républicain.

Eh bien oui, j'appartiens à l'aristocratie, et la famille LE NORMANT est l'une des *anciennes familles* de *France*, (1) qui a fourni à l'Etat et à l'Eglise de hauts

---

(1) Voir l'*Armorial de France.*

dignitaires. Loin de m'en défendre, je l'avoue avec orgueil.

Depuis la nuit du 4 août, où la noblesse de France a renoncé à ses titres et à ses priviléges, la véritable noblesse ne consiste plus dans les parchemins ou l'arbre généalogique, mais *dans le dévouement à la Patrie*, dans les services rendus à ses concitoyens, dans ses mérites personnels.

Si tout en étant gentilhomme, je suis devenu républicain c'est qu'à mon sens la monarchie n'est plus possible en France.

Comme l'a très-bien dit M. Thiers, au moment de tomber sous le coup de *trois minorités coalisées* « il n'y a qu'un trône pour *trois* prétendants. »

Je reconnais tout ce que la royauté a fait de grand en France, mais depuis la révolution de 89, les conditions sociales sont changées.

Plus de seigneurs et de vassaux, mais l'égalité de tous les citoyens devant la loi.

L'homme attaché à la glèbe a droit de devenir propriétaire.

Le morcellement de la propriété est un des grands résultats de cette révolution.

Chaque paysan à son lopin de terre, et n'est plus soumis à la dîme, aux corvées et autres droits seigneuriaux, qui le blessaient dans sa dignité et dans ses biens.

Depuis 80 ans nous avons vu trois monarchies. La monarchie du droit divin brisée en 1830, la monarchie constitutionnelle brisée en 1848. La monarchie césarienne honteusement tombée à Sédan en 1870. Qu'en conclure? C'est que pour fermer l'ère des révolutions, et éviter les bouleversements périodiques, il faut fonder la République.

Mais quelle République me dira-t-on? Une République rassurante, qui maintienne le respect de la propriété, de la liberté individuelle et même de la religion, *base essentielle d'un* État qui *veut prospérer*.

Cette République nous l'avons vu fonctionner pendant plus de deux ans. Elle a relevé le crédit de la France, nous a redonné une armée, payé cinq milliards à la Prusse, libéré le territoire, elle est un fait accompli, accepté par les populations, et imposé par la nécessité des temps.

La meilleure preuve, c'est qu'aux élections partielles qui ont eu lieu par suite de vacance d'un siége parlementaire, sauf deux élections, partout les colléges électoraux ont nommés des républicains.

Il est donc démontré pour moi, jusqu'à l'évidence, que dans la conservation de la République réside le salut de la France et la paix intérieure.

Les partis monarchiques qui poursuivent l'espérance chimérique de rétablir la royauté en France, se barrent le chemin réciproquement, et leurs compétitions coupables, à l'aide de coups parlementaires, n'ont pour effet que de produire un état d'énervement qui arrête les affaires et entrave le commerce.

Leur impuissance, manifeste aux yeux de tous les gens sensés et nullement égarés par la passion politique, est un gage pour l'existence de la République.

C'est pourquoi, me mettant au-dessus des risées intéressées des partis, je ne *vois que la France* qui a soif de tranquillité et de repos, et je serais heureux, si appelé par le suffrage de mes concitoyens à les représenter, il m'était donné, dans la faible mesure de mes moyens de contribuer à la grande œuvre si bien commencée par M. Thiers.

Mes détracteurs politiques tirent cet argument contre moi, que je n'ai pas toujours été républicain.

Il est vrai qu'en 1848, à la tête des bataillons de mobiles, au Panthéon, j'ai combattu les insurgés de juin, et je voudrais encore que ceux qui m'accusent aient été à mes côtés ; mais leur foi ardente pour la royauté, dont ils font un si bel étalage, ne les a pas menés jusque-là, et n'ayant point été au péril, ils voudraient être à l'honneur.

Si j'ai combattu alors les ennemis de l'ordre, c'est

que je ne suis pas comme mes adversaires veulent bien me représenter, un destructeur de la famille et de la propriété, et j'estime encore à l'heure présente que la République n'a pas de pires ennemis que ceux qui pour satisfaire leurs convoitises et leurs appétits, ne craignent pas de *réclamer tout d'un coup , les armes à la main , les réformes qu'il faut laisser au temps le soin de réaliser.*

A cette époque , je l'avoue , j'avais l'amour de la royauté ; je croyais qu'elle était nécessaire au peuple français.

Depuis, j'ai vu l'Empire ; le coup d'Etat du 2 décembre m'a inspiré une profonde horreur pour cet homme qui *foulant effrontément le serment qu'il avait juré à la République,* s'asseyait en usurpateur sur un trône qui appartenait au roi légitime.

En 1863, prévoyant les abîmes où ne manquerait pas de nous entraîner un pouvoir absolu, j'ai brigué un mandat des électeurs du Finistère.

J'aurais voulu pouvoir avertir le gouvernement impérial de la pente fatale sur laquelle je le sentais glisser.

Mais les candidatures officielles n'avaient pas été inventées pour rien.

Napoléon n'admettait que des muets complaisants, toujours prêts à voter, nullement disposés à éclairer.

L'expédition du Mexique, les finances dilapidées par un entourage sans conscience, l'armée désorganisée par la négligence de ses chefs, et finalement une guerre déclarée à la Prusse avec une inqualifiable légèreté, des généraux d'antichambre donnés à nos braves soldats, la capitulation honteuse de Sédan où l'auteur de tous ces maux n'a pas su défendre son épée, voilà ce qu'il nous a été donné de voir.

La République a pris ce triste héritage de l'Empire, personne ne le lui disputait, et aujourd'hui qu'elle nous a relevé de nos ruines, grâce à l'illustre homme d'état qui veillait à ses destinées, les partis monarchiques viennent lui dire brutalement, cyniquement : « Ote-toi de là que je m'y mette. »

Si nous nous sommes sauvés sans la royauté, nous pouvons vivre sans elle. Cette persuasion est passée chez moi à l'état de conviction, comme dans l'esprit de presque tous les Français.

Je suis plein de respect pour la légimité, j'estime la maison d'Orléans, mais quand on demande à ces deux dynasties d'opérer la fusion, les deux branches, loin de se réunir, s'écartent et veulent pousser des rameaux séparément, tandis que le parti bonapartiste, *querens leo quem devoret*, comme dit l'écriture, guette le moment opportun pour ressaisir le pouvoir comme une proie que la République a fait alléchante.

On ne peut donc me reprocher une volte-face, qui aurait pour cause l'ambition.

Ce sont les faits eux-mêmes qui ont déterminé mes sentiments politiques.

Pourquoi m'en faire un crime ?

Quand un homme de la valeur de M. Thiers disait dans son fameux discours du 24 mai : « Comment comprendre que moi vieux partisan des idées monarchiques, je suis rallié à la République ?

C'est que comme moi et bien d'autres il pensait :

« Que la République est seule possible en France. »

Messieurs , le moment est grave , les nouvelles élections qui vont avoir lieu décideront probablement du sort de la France ; car l'Assemblée actuelle est vouée à l'impuissance et marquée au front d'un signe de mort.

L'origine de tous nos maux est que dans les Assemblées républicaines , les populations des campagnes envoient des monarchistes.

Que la population si intelligente, si travailleuse du Finistère se persuade bien de cette vérité élémentaire que pour fonder la République, il faut des républicains.

En appliquant cette maxime , on mettra fin à ces tiraillements qui épuisent la France et lui font perdre une vitalité si précieuse.

Au lieu de chercher vainement à replâtrer un trône , songeons à la France , notre belle et riche patrie, dont l'avenir est dans la République.

N'écoutons pas ceux qui veulent nous ramener en arrière, et poussons le vieux cri de guerre breton jété par nos pères à César : « En avant. »

Elevons donc nos cœurs au-dessus de nos ambitions, faisons litière des préjugés du passé, et au nom de nos enfants, au nom des générations de l'avenir, inscrivons sur notre drapeau et aussi au fond de notre cœur le mot patrie, ce mot qui résume à lui seul tous les dévouements, toutes les gloires, et, si par un ordre fatal du destin il faut encore que le sang français soit répandu, que ce soit pour la défense de notre beau pays et sa grandeur.

Permettez-moi, en terminant, cet exposé de ma politique, de vous donner quelques notes sur ma famille.

Mon père, M. Le Normant des Varannes, n'aimait pas la royauté, ses aspirations le portèrent vers les réformes dont la révolution de 1830 avait donnée le signal, il fut le premier à percevoir ses revenus en produits agricoles, ce qui est un mode d'association afin de protéger l'agriculture, il encouragea sur une grande échelle la culture des pommes de terre devenue aujourd'hui la richesse de nos côtes ; il créa des usines, il bâtit tout un quartier de Quimper, quartier qui n'était qu'un amas de ruelles insalubres qu'il tranforma ; en un mot, il consacra toute sa vie, sa *fortune,* à améliorer la situation des travailleurs.

Il fut le *premier* à créer, dans sa terre, des fourneaux économiques pour les ouvriers.

Tous ces faits témoignent de son esprit progressiste dans un temps où tout était stationnaire et ou l'initiative individuelle était une exception.

Ma tante maternelle, Mme Bohan, depuis plus de cinquante ans, prodigue ses soins et sa fortune aux pauvres, elle n'a cessé, toute sa vie, d'instruire et d'éclairer la jeune génération du canton de Pont-l'Abbé ; je ne crains pas d'être réfuté par personne en disant que son nom est un nom béni. A l'époque des épidémies on la vit constamment au chevet de l'indigent, elle fut la providence de sa localité et ce fut un malheur public quand Dieu la rappela vers lui.

Ma mère, ce mot résume toute ma pensée de respect et de reconnaissance, vivait près de cette femme de bien, elle partageait ses fatigues et ses tendresses pour tous ceux qui souffrent, et son nom me dispensent d'en parler longuement.

Mon grand-père fut un des grands ordonnateurs du port de Brest. Quant à moi, son petit-fils, déshérité par des revers de fortune, par suite de la mort de mon père, surpris au milieu de ses travaux, de ses entreprises ; il ne m'a pas été permis de continuer les bienfaits dont ma famille m'avait donné l'exemple.

Je viens vers vous sans prestige, et sans autre recommandation que celle de mes actes.

J'apparais sur la brèche, seul comme en 1863, aidé seulement de plus d'expérience et je viens vous dire : vous connaissez ma famille, je vous ai fait connaître ma vie, voici ma politique ; si vous la trouvez prudente et sage, aidez-moi à servir mon pays en m'appelant dans vos conseils.

Je tiens de ma famille, des sentiments d'honneur, et du sol breton, une volonté qui ne saurait faiblir.

Je veux d'abord que l'on enseigne la Constitution dans nos colléges, afin que nos enfants, en entrant dans la société, en connaissent les lois ; je veux le rétablissement des universités en France, afin que les parents puissent suivre de près l'éducation de leurs enfants et d'éviter aux familles des déplacements onéreux et des séparations toujours douloureuses ; je veux la fondation d'une école d'économie politique et diplomatique, afin que les jeunes gens qui se destinent à la diplomatie soient initiés aux finesses du métier.

M. de Lucadou, aide-de-camp du roi de Prusse, que j'ai connu avant la guerre, me disait :

« Vos diplomates poussent un peu partout ; ils n'ont pas de souche. Il n'en est pas ainsi chez nous. Nous connaissons vos secrets d'abord, puis vous nous les faites connaître ensuite. Vous ignorez les nôtres que vous ne savez pas rechercher et que nous vous taisons. »

Cela dit, je reviens à mes moutons : je veux le maintien du suffrage universel, l'instruction obligatoire, l'élection des maires par les communes, augmentation des bourses accordées à l'intelligence des enfants pauvres ; primes accordées aux plantations, aux défrichements, aux dessèchements ; contrôle du député par une commission composée des délégués de nos conseils ; la décentralisation ; une plus juste répartition des impôts ; l'abolition des sinécures ; les réformes judiciaires. C'est vous dire que je veux des réformes sérieuses et une lutte incessante dans la réalisation du progrès (1).

LE NORMANT DES VARANNES.

P.-S. — A l'adresse des conservateurs timorés, voici un autre passage d'une parfaite justesse :

« J'ai la conviction profonde, mûrie par la réflexion et l'obser-vation, que le jour où la démocratie française n'aura plus, à juste titre, aucune inquiétude de se voir enlever la forme républicaine, de laquelle, à tort ou à raison, elle attend la solution des problèmes sociaux attardés, la démocratie française laissera loin derrière elle en modération et en sagesse la démocratie américaine et la démo-cratie helvétique. Suffrage universel, liberté de la presse, liberté de réunion, liberté d'association se rectifieront et se tempéreront d'eux-mêmes, sans autre loi que la durée de l'usage. Quoique improvisé, quoique proclamé prématurément, est-ce que le suffrage universel, opérant en 1848, en 1849, en 1871, dans la plénitude de sa liberté, a troublé, si peu que ce soit, la tranquillité publique? Est ce qu'il n'a pas été à la hauteur de sa tâche ? Couver la pensée de le mu-tiler, seulement de le restreindre, n'est-ce pas manquer de mé-moire et de reconnaissance? N'est-ce pas rendre légitime dans l'avenir une révolution implacable ? »

---

(1) Le clergé et l'armée doivent rester étrangers à la politique. Le prêtre doit s'élever au-dessus des passions humaines. Quant à l'armée, sa mission est de protéger la fortune et l'honneur de la France ; elle ne doit avoir d'au-tres préoccupations que celles de sa gloire.

Je crois utile de mettre sous vos yeux l'article du
Phare du Morbihan, qui m'a valu de comparaître en
cour d'assises, et les pièces à l'appui de ma défense.

*Lettre adressée à M. LE NORMANT, le 16 décembre 1864, par
M. Ferry (aujourd'hui ambassadeur), au sujet des Élections de
Châteaulin.*

« Paris, 16 décembre 1864.

« Monsieur,

« Vous avez raison de dire que ce qui importe, avant tout, c'est de
ne pas laisser vaincre l'opposition sans combat, tous les hommes de
cœur, en ce temps, sont tous du même parti. »

« Agréez, Monsieur, l'assurance de ma haute considération. »

« JULES FERRY (ambassadeur). »

Cette lettre témoigne que mes sentiments politiques étaient en
1864, ce qu'ils sont aujourd'hui en 1873.

Demande de faire partie de la défense de Paris.

« Kerloch, le 1ᵉʳ novembre 1870.

« Cher Monsieur,

« Ex-officier d'état-major de la garde mobile, sous Cavaignac, j'ai
fait pendant plusieurs mois, le service de la place de Paris, si mon
expérience peut être utile, je vous demande de vouloir bien me
faire appeler de suite près de vous. »

« J'ai déjà fait parvenir une demande au ministre de la guerre,
par l'intermédiaire de mon ami, M. de Beaufond, commandant des
mobiles de la Seine, afin d'être appelé à faire partie d'un corps
d'expédition partant pour la frontière. »

« Cette demande n'a pas eu de résultat à cause du départ préci-
pité des troupes pour Châlons. »

« Je viens donc, cher Monsieur, vous renouveler ma demande,
et vous prie d'être mon interprète près du général en chef. »

« Votre ancien camarade,
« LE NORMANT DES VARANNES. »

Réponse de M. LESTROHAN, secrétaire du général Trochu.

« Paris, 9 septembre 1870.

« Mon cher Monsieur,

« J'ai reçu vos deux lettres et je m'enpresse de vous faire savoir
que dans le moment actuel, vous pouvez prendre telle détermina-
tion que vous jugerez convenable.

« Je crois votre présence aussi nécessaire dans le Finistère qu'à
Paris, où il y a déjà un très-grand encombrement de volontaires et
de gardes mobiles, qui selon moi, sont dans de très-mauvaises
conditions pour résister ; enfin nous ferons comme nous pourrons à
la grâce de Dieu.

« Continuez, cher Monsieur, cet élan patriotique qui vous honore
et veuillez agréer l'assurance de mes sentiments sympathiques et
dévoués.

« LESTROHAN,
« Secrétaire du gouverneur de Paris. »

Lettre à M. DE BEAUFOND, commandant des mobiles de la Seine,
pour lui demander à faire partie de l'armée des Vosges.

« Kergolven, 8 août 1870.

« Mon cher De Beaufond,

« J'apprends, à l'instant que vous partez pour le Palatinat comme commandant des mobiles de Paris, je viens mon vieil ami, au nom de notre amitié vous demander de m'appeler près de vous.

« Vous savez, mon cher de Beaufond, par les pièces que vous avez eu entre les mains, et que vous avez vous-même déposé à la grande Chancellerie, que j'ai déjà fait mes preuves sur le champ-de-bataille, et que je sais faire mon devoir comme soldat.

« Je compte donc, sur votre bienvaillant appui afin de me faire inscrire sur votre liste d'honneur.

« A vous d'estime et d'amitié,
« LE NORMANT DES VARANNES. »

Lettre à M. le ministre de l'Intérieur, pour demander à faire partie
du corps d'expédition d'Italie.

« Monsieur le Ministre,

« Au moment où la France s'inspire de l'initiative généreuse de vouloir soustraire l'Italie au joug, à l'oppression odieuse de l'Autriche, je serais heureux et fier de mêler mon sang à celui de nos soldats et de participer à la grande œuvre humanitaire de notre armée.

« Fils d'un homme de courage et d'honneur, je ne saurais sans chagrin, rester inactif en temps de guerre.

« J'ai donc l'honneur, Monsieur le Ministre, au nom des services que j'ai déjà rendu au pays, de vouloir bien m'appuyer près du Ministre de la Guerre, afin de me faire admettre avec mon grade, dans le corps d'expédition se rendant en Italie.

« Soyez bien persuadé, Monsieur le Ministre, que ma conduite répondra à votre haute protection.

« Je suis, Monsieur le Ministre,

« LE NORMANT DES VARANNES. »

Réponse du Ministre à ma demande de faire partie de l'expédition d'Italie.

« Paris, 1859.

« Monsieur,

« J'ai reçu hier la lettre que vous m'avez fait l'honneur de m'é-crire, et je rends hommage aux nobles sentiments qu'elle exprime.

« Malheureusement, je ne suis pas en mesure de vous dire s'il serait possible de vous nommer à un emploi d'officier dans un corps d'expédition. Je vous engage à en écrire sur le champ au Ministre de la Guerre.

« Recevez, Monsieur, la nouvelle assurance de mes sentiments très-distingués.

« BILLAUT. »

Certificat délivre par M. le maire d'Auray, pour soumettre au jury chargé de juger M. LE NORMANT, pour délit de presse, dans le Morbihan.

« Auray, octobre 1870.

« Je soussigné, maire d'Auray, chevalier de la légion d'honneur, déclare avoir pris connaissance des pièces officielles que possède M. le Normant des Varannes.

« Ces pièces constatent que M. le Normant des Varannes a fait partie de l'état-major du général Cavaignac, pendant les malheureuses journées de juin 1848, et qu'à ce titre, il a reçu de nombreux certificats qui attestent son courage et son dévouement à la cause de l'ordre.

« M. Le Normant des Varannes, appartient à une des vieilles familles de France, et jouit en Bretagne de l'estime et de la consi-dération générale.

« *Le maire d'Auray, chevalier de la Légion d'honneur,*

« HUMPHRY. »

P.-S. — A l'époque où toutes les communications entre Paris et la province étaient interrompues, M. Le Normant des Varannes écrivit au ministre de la guerre pour tenter d'entrer, à ses risques et périls, dans la ville assiégée et d'y porter des dépêches.

Cette lettre datée des premiers jours de janvier 1871, se trouve aux archives de la guerre.

Lettre au Président du Comité polonais à Paris, pour demander à prendre du service pour la délivrance de la Pologne.

« Paris, 1er mars 1864.

« Général,

« Nous devons à la Pologne une dette de sang, ex-officier d'état-major du général Cavaignac, en non activité, par suppression d'emploi, j'ai l'honneur de vous demander de vouloir bien m'inscrire au nombre de ses défenseurs.

« Je suis, général, avec des sentiments de respectueuses sympathies,

« Votré dévoué serviteur,
« Ulric LE NORMANT DES VARANNES. »

Ci-joint les pièces officielles et les certificats à l'appui de ma demande.

Candidat libéral, dans le Finistère, je viens d'échouer aux élections de 1863, je suis donc de tout cœur à la cause que vous défendez au nom du principe indéniable de la liberté des peuples.

Ci-joint mes lettres aux électeurs de mon département.

Réponse du général Bréanski.

« Paris, 25 mars 1864.

« Monsieur,

« En vous remerciant de l'envoi de votre brochure et des sympathies que vous manifestez pour notre cause, je m'empresse de vous prévenir que la population est seule en lutte avec nos oppresseurs.

« Agréez, Monsieur, avec l'expression de ma vive reconnaissance, etc.

« BRÉANSKI. »

---

*Hommage de M. LE NORMANT, à la mémoire de son compatriote,
Latour-d'Auvergne, premier grenadier de France.*

LETTRE A MM. LES DIRECTEURS DES JOURNAUX DE PARIS.

« Paris, 1873.

« Messieurs,

« Au moment où s'agite la question de savoir quelle statue sur-
montera la colonne, que les uns proposent celle de Napoléon en
rédingote, les autres celle de la France, il est étonnant que personne n'ait eu l'idée d'y élever celle de Latour-d'Auvergne. »

« J'ai l'honneur de vous adresser une notice qui le concerne,
et, après l'avoir lue, ne semblerait-il pas naturel de surmonter la
colonne que l'on va réédifier de la statue de ce brave soldat, qui ne
voulut jamais d'autre titre que celui de plus ancien grenadier de
France, et qui par sa simplicité et la grandeur de son désintéresse-
ment, symbolise à un si haut degré l'honneur militaire dont était
animé la légion Républicaine.

« L'armée sera fière d'un tel hommage.

« Persuadé, messieurs, que vous voudrez bien accueilir dans vos
journaux cet hommage à l'adresse de mon compatriote, je vous
prie, messieurs, de vouloir bien agréer, en avance, mes remercie-
ments et l'assurance de mes sentiments de haute estime. »

« Ulric LE NORMANT DES VARANNES. »

Je termine par une lettre de M. le marquis de Franclieu, un des
chefs du parti légitimiste en réponse à ma confession politique, qui
prouve que l'on peut avoir du cœur tout en étant républicain. Je
suis heureux de posséder ce témoignage d'estime qui sera ma dernière réponse à l'adresse de mes détracteurs.

*M. le marquis de Franclieu, à M. le Normant des Varannes à Tarbes,
en réponse à sa confession politique.*

« Château de Larcazère, 9 mai 1856.

« Monsieur,

« Votre lettre est trop pleine de cœur pour ne pas me toucher profondément, vous voulez quitter Tarbes sous peu de jours, pour n'y plus revenir, pour moi je ne pourrai vous laisser partir *sans vous avoir serrer la main.*

« J'irai donc vous chercher demain, et je voudrais pouvoir vous trouver chez vous le soir vers sept heures.

« Recevez, je vous prie, l'expression de mes sentiments *affectueux et devoués.*

« Marquis de FRANCLIEU. »

Voici l'article qui m'a valu les malédictions de la réaction, et aussi les injustes accusations que l'on m'adresse. Mes concitoyens apprécieront.

ÉNERVEMENT

Est-ce possible? Paris va disparaître sous des ruines! Trois dynasties sont là, ardentes à la curée. Elles s'attaquent au cœur de la France. Paris va être anéanti, et le pays reste impassible !

Paris se bat pour l'avenir de nos enfants, pour défendre nos libertés politiques, et la France entière repose.

La mère-patrie se tord sous les pieds du vainqueur, le sang coule de son sein déchiré, et ses enfants restent indifférents !

La capitale du monde civilisé prend en main le drapeau de l'indépendance, et l'esclave n'ose prendre part à la lutte !

Paris se bat pour un principe qui doit civiliser le monde entier, et les peuples semblent le prendre en pitié !

La génération du XIXe siècle serait-elle frappée de stérilité d'âme ? Est-elle seulement en léthargie ?

Paris a ses fautes, mais il a ses immenses vertus, qui nous rappellent les temps antiques ; la lâcheté des traîtres n'autorise pas le crime de lèse-nation.

La guerre de religion va-t-elle donc revivre au XIXe siècle ? Notre belle patrie va-t-elle donc succomber sous ce monstrueux droit dynastique qui a dévoré Rome ? Et nous, peuple français, reniant notre passé d'honneur et de gloire, allons-nous nous inscrire au ban des nations, en n'intervenant pas dans cette lutte sans nom qui a pour arène Paris, et pour spectateurs des millions de Français ?

Il faut en finir avec le préjugé. Que la province, par un mouvement spontané, se lève, non pour combattre, mais pour protester. Que sa voix puissante mette un terme à la lutte, afin d'éviter à Paris la ruine des cités antiques !..... Demain, peut-être, il sera trop tard !

Demain, peut-être, la cité déesse du travail et du savoir aura vécu.

Le désespoir peut tout oser ! Les pages sanglantes de l'histoire ne sauraient être sitôt oubliées ; la force n'a jamais prévalu dans les lois de la civilisation des peuples, les aspirations de Paris habitent le monde entier. Elles puisent leur force dans les principes des Révolutions de 89, de 1830 et 48 et ne sauraient subir les influences d'un comité quel qu'il soit : la terreur ne fonctionnait pas au début et 400,000 hommes armés demandaient les franchises !

La trahison, la lâcheté et l'abandon de la capitale par le pouvoir ont amené les choses où elles sont aujourd'hui : mais le principe survit à ce choc d'un pouvoir contre une vérité éternelle, la liberté !

Je le répète, une pensée humanitaire, la pensée du paupérisme domine la situation. Il y a là enfantement, et, il faut le proclamer bien haut, étouffer les pulsations de la vie politique en France, c'est vouloir l'impossible ; enrayer l'avenir, Dieu ne le permet pas !

Il y a en France trois partis qui se servent des revenus du pays pour acheter des traîtres et payer des parjures ; un quatrième qui demande à vivre par l'honnêteté et pour le bien de tous, ce parti c'est la République. La conscience publique décidera entre eux.

Mais ne nous laissons pas séduire par le mirage de gloire que nous présente la royauté ; n'oublions pas que c'est le peuple, la France toute entière qui s'inscrit aux pages de l'histoire par son dévouement et son courage.

Ulric LE NORMANT DES VARANNES.

Kerloch (Morbihan), 20 mai 1871.

Défense de **M. LE NORMANT** devant la Cour d'Assises du Morbihan.

Messieurs les Jurés,

Vous venez d'entendre la parole de l'accusation, veuillez bien maintenant écouter la défense.

Vous savez déjà que le concitoyen , appelé aujourd'hui à se défendre devant vous, *juges souverains* , n'est pas ce qu'on appelle un écrivain, un homme habitué à manier la plume.

Je ne suis pas davantage habitué à parler en public, et il faut que j'ai eu le malheur de m'être bien mal exprimé ou d'avoir été bien mal compris, pour prendre aujourd'hui la parole afin de me défendre contre des inculpations que mes intentions certes sont loin d'avoir mérité.

Messieurs les jurés, je vous en prie, veuillez faire, en formant votre opinion, la part de mon inexpérience à écrire, comme celle de mon inexpérience à parler.

Si la plume a pu trahir ma pensée, il ne faut pas cependant que la plume soit entre les mains de mon inexpérience aussi dangereuse pour moi qu'un pistolet que je ne saurais pas manier, il ne faut pas que *la forme* emporte *le fond*.

Je vous dois une explication nette et franche.

Citoyen, appelé à être jugé par des concitoyens , je désire vous parler comme si j'essayais ma justification de *vous* à *moi*, en vous disant simplement les choses.

1° Je vous dirai donc comment j'ai été amené à écrire cet article.

Après un siège de cinq mois qui n'avait pas été sans faire éprouver de grandes souffrances aux habitants de Paris ; vous savez que Paris , *malade* , *surexcité* , se vit un jour, le 18 mars, livré à lui-même.

Ce que vous savez aussi, c'est que les ministères, les troupes se retirèrent à Versailles.

La lutte s'engagea alors entre les troupes de Versailles et Paris soulevé (suite de malentendus que l'histoire impartiale appréciera).

Dans cette lutte, dans *Paris*, à *Versailles* et dans la *France* toute entière, chacun prit parti.

De même qu'à Paris, certains hommes voulaient la lutte à outrance avec Versailles ; de même à Versailles, il en était qui voulaient la lutte à outrance contre Paris.

J'ai le droit de dire que le plus grand nombre, tant à Paris qu'à Versailles, voulait la conciliation ; la conciliation, parce que la sagesse conseille la pacification quand elle est possible ; parce qu'il avait été versé assez de sang et que la lutte ne pouvait continuer sans un torrent de sang. (L'effet l'a prouvé, que de victimes aujourd'hui tombées).

Voici ce que disait à la Chambre un député très-connu. « La conciliation, mais elle sera, laissez-moi le croire, l'issue inévitable. C'est ma conviction, et pour ma part, je redoute le jour où il y aurait des vainqueurs et des vaincus. »

Quand des hommes se battent ; quand, Paris d'une part, notre armée de l'autre (des Français contre des Français), se battent, qui donc se refusera à ce sentiment que nous avons tous eu, Messieurs : *Séparons les combattants.*

Et j'ai le droit de dire que c'était le sentiment général, sauf, *alors,* de la part de ceux qui croyaient tuer Paris et la République en même temps ; qui l'ont dit et répété à satiété dans leurs journaux. J'ai protesté dans cet article contre ces hommes qui mettaient l'intérêt de parti avant l'intérêt de la France, qui étaient monarchistes, avant d'être patriotes.

Eh bien ! Messieurs, quand la plupart des conseillers municipaux de France envoyaient des adresses ou des délégués à M. Thiers, chef du pouvoir exécutif, ils y prêchaient la conciliation. Ils croyaient faire acte de *bons citoyens.*

Et M. Thiers, lui-même, ne voulait-il pas la conciliation ? Il l'affirmait aux députations envoyées de province ; il le disait aux maires et délégués de toutes les grandes villes de France, aux délégués de Bordeaux, au maire, M. Fourcaud, comme au maire de Nantes, comme à tous. Il n'a pas permis de douter de sa parole. Vous savez qu'alors, il est vrai, M. Martimer, Ternaux et d'autres, se servaient de ce prétexte pour l'attaquer.

Ainsi, M. Thiers s'était tenu dans la conciliation.

M. Dufaure, ministre de la justice, dans la séance du 26 avril, se défendait avec vivacité contre ceux qui l'accusaient de ne pas *vouloir la conciliation ;* il disait, aux applaudissements de tous : « La conciliation, *je la veux,* c'est l'ange qui plane au ciel après l'orage. »

Après M. Thiers, M. Dufaure, les bons citoyens, serai-je coupable *d'avoir voulu la conciliation.*

Or, c'est ce que j'ai voulu.

J'ai écrit, le 2 *mai*, bien que cette note n'ait été envoyée que le **20**, ce *dernier cri de douleur* qui n'était autre, il suffit de le lire avec soin, qu'un dernier appel à tous ceux qui prévoyaient les irréparables malheurs dont nous étions menacés et qui voulaient les empêcher. Vous vous souviendrez de ce mot de mon article : « Le désespoir peut tout oser. »

Ainsi, l'idée dominante de mon article, est l'idée de conciliation. Et je voulais la conciliation, parce que je craignais aussi qu'il y ait des vainqueurs et des vaincus, parce que je craignais les flots de sang humain versé, les ruines fumantes et les idées de destruction qui germaient dans les têtes *malades, surexcitées, désespérées.*

Avais-je en effet prévu, ce qui semble avoir surpris, même à Versailles ?

Permettez-moi, Messieurs, avant d'examiner en détail cette prévention, qui me met en face d'accusations auxquelles certes je n'aurais jamais pensé de vous dire ce que je suis.

Je ne vous cache pas :

1° Que je considère la République comme l'ordre politique qui peut seul terminer l'ère des révolutions, parce que c'est l'organisme qui convient le mieux au progrès et aux idées modernes ; il y a des choses qui vieillissent avec la lumière, avec le progrès. Je considère la monarchie comme étant de ce nombre.

Tolérant de nature, j'ai écrit cette affirmation et j'en avais certes le droit ;

2° Quant à faire l'apologie de faits réprouvés par la conscience publique.

Non, Messieurs les jurés, je n'en suis pas coupable.

3° Qui je suis ?

Né d'une famille qui a donné des princes à l'Eglise, de hauts fonctionnaires à l'Etat, propriétaire, père de famille ; homme d'ordre avant tout.

Mais *ici* je dois ajouter que je connais les guerres civiles pour les avoir combattues.

En juin 1848, n'étais-je pas aide-de-camp du général Damesme et ne combattais-je pas une insurrection que je condamnais.

Il me déplait de parler de moi, mais j'y suis obligé par la situation qui m'est faite, permettez-moi de mettre sous vos yeux les pièces suivantes :

En juin 1848, au Panthéon, je dus aux circonstances de sauver de la fusillade trente et quelques personnes, dont les noms sont inscrits avec le mien sur les registres de l'Hôtel de Ville à Paris.

En 1848, aux affaires du Panthéon, je reçus des mains du général Damesme, sa croix. Cette décoration ne fut pas ratifiée par suite de mon séjour à l'hôpital de Versailles et de la mort de mon général. Ce fait est constaté par des pièces déposées au ministère de l'Intérieur, et je ne possède plus que trois originaux que je crois utile d'inscrire ici.

Premier Certificat.

« Je soussigné, capitaine de l'ancien 18ᵉ bataillon de la garde mobile, déclare que M. Lé Normant, lieutenant audit bataillon, s'est conduit avec une bravoure digne d'éloges dans les malheureuses journées de 1848 ; que, particulièrement à la prise du Panthéon, il est resté sur la place de Sainte-Geneviève, avec quelques tirailleurs du bataillon, en but aux feux des insurgés qui tiraient de trois points différents.

« En foi de quoi je lui ai délivré la présente attestation.

« Signé BELLANGER,
« Capitaine au 8ᵉ bataillon de la garde mobile. »

———

Deuxième Certificat.

« Le capitaine commandant le 18ᵉ bataillon de la garde mobile, pendant les journées de juin 1848, certifie l'authenticité de la déclaration ci-dessus, donnée relativement à M. le lieutenant Le Normant.

« Saint-Brieuc, le 24 mars 1849.

« Signé : FRAICHARD. »

———

Troisième Certificat.

« Je soussigné, déclare remplir un devoir en portant à la connaissance de qui de droit, par le présent certificat, la conduite digne d'éloges qui a été tenue par M. Le Normant, lieutenant de ma compagnie, pendant les journées de Juin. Non-seulement cet officier s'est distingué particulièrement partout où il s'est trouvé, mais encore on l'a vu se porter toujours sur les points les plus dangereux pour sa vie, et là y rendre les plus grands services par le prompt rétablissement de l'ordre. J'appelle donc sur M. Le Normant toute l'attention du Pouvoir, et notamment celle de notre brave général Damesme, auprès duquel il combattait lorsqu'il fut blessé.

« Fait à Paris, le 1er juillet 1848.

« *Le capitaine de la 4e compagnie du 18e bataillon,*

« Signé : COUSIN,

« Ancien élève de Saint-Cyr,
« ex-employé au ministère de l'Instruction publique. »

« Le capitaine adjudant-major, commandant le 18e bataillon de la garde mobile, certifie que M. Le Normant (Louis), a fait partie de ce bataillon en qualité de lieutenant, depuis la création de la garde mobile jusqu'au 1er février 1849, époque à laquelle il a été compris, dans la nouvelle organisation, au 8e bataillon, avec son grade. J'atteste, en outre, que pendant son séjour au 18e bataillon, cet officier a toujours tenu une conduite honorable et digne.

« Paris, le 7 février 1849.

« Signé : BLETON,
« Capitaine adjudant-major, depuis capitaine de la garde impériale,
« (aujourd'hui chef de bataillon).

« *Le Commandant du 8e Bataillon,*
« *Président du Conseil d'administration,*
« Signé : MERMES, (aujourd'hui Colonel). »

J'ai donc combattu l'insurrection de juin 1848, qui n'est pas sans analogie avec celle-ci ; j'y ai exposé ma vie, et vous voulez que je sois aujourd'hui avec l'émeute, quand *les Prussiens souillent encore le sol de France !*

Non, cela n'est pas :

Qu'ai-je dit ?

J'ai dit que la conciliation était désirable, et j'en appelai à mes concitoyens ; Avais-je tort ? J'ignorais alors, mais ne prévoyais-je pas les désastres, le sang répandu ?

Je croyais que cela pouvait être évité par la conciliation.

Mon erreur ne peut être une faute, à plus forte raison ne peut être un délit.

Je le répète encore, la conciliation était désirable et désirée par les esprits les plus honnêtes, Enfin, elle n'a pas été possible ; si elle n'a pas eu lieu, suis-je coupable de l'avoir espérée, de l'avoir désirée ?

Remarquez que tout ceci était écrit avant l'entrée des troupes dans Paris. — Il était présumable que Versailles serait victorieux ; mais si Vallès, Vermorel et autres, que j'ai voulu désigner dans mon article, *en parlant de la lâcheté des traîtres*, l'avaient emporté, que serait-il advenu ?

Vous vouliez, peut-on me dire, la conciliation ; mais quelle conciliation ?

C'est ici que j'entre dans l'examen des divers passages qui me sont reprochés.

L'idée générale de mon article, je l'ai dit, et je crois l'avoir prouvé, était une idée honnête, celle d'excellent Français ; c'est la conciliation, par crainte de désastres, de ruines, de sang et autres, que je ne prévoyais que trop, me rappellant juin 1848, dépassé aujourd'hui d'une manière épouvantable, par ce qui est arrivé, et qui remplit de *deuil* le cœur de tout Français,

Or, si l'idée générale ne peut être l'objet d'un reproche, comment pourrait-il se faire que les détails de mon article fussent coupable.

Permettez-moi, Messieurs, de m'en rapporter au ministère public et au bon sens de tous, d'après cette règle de bon sens, alors même qu'elle ne serait pas écrite dans le Code. Pour apprécier la clause d'un contrat, il faut interpréter les parties par l'esprit général du contrat tout entier. — Or, dans un article, si *l'intention et l'idée qui domine dans le tout,* n'est *pas coupable, comment les parties de ce tout* seraient-elles coupables ?

Je n'ai donc pu avoir, en écrivant *les parties,* que *la pensée qui domine tout l'article : L'idée de conciliation.*

Que disais-je ?

Il est permis de penser que Paris est *la capitale du monde civilisé ; je l'ai écrit.*

Il est permis de penser que Paris tient le *drapeau de l'indépen-pendance ;* N'a-t-elle pas tenu ce drapeau pendant cinq mois de siège ? *Je l'ai écrit.*

Il est permis de penser que Paris est le *défenseur de nos libertés politiques ;* qu'il *tient en ses mains l'avenir de nos enfants ;* je l'ai écrit.

Eh bien ! dans cette lutte fratricide, j'ai vu toutes ces choses compromises. Ne lisais-je pas alors dans certains journaux que : « Il fallait *écraser Paris,* parce que Paris écrasé, Paris qui n'était plus la *capitale* de la France, était découronnée. » Je protestais de toutes mes forces, me rappelant du reste ces paroles de Chateaubriant, à ceux qui attaquent l'idée moderne :

« Vous êtes des navigateurs en amont, destinés à être submergés dans votre navigation insensée. »

Il est trop clair que je n'ai entendu parler de Paris, que comme *la ville* qui était *l'honneur de la France,* excitant la jalousie des autres peuples, *heureux* de sa destruction, et rappelant le mot d'un czar de Russie venant à Paris au XVIIIᵉ siècle, et disant :

« Si j'étais roi de France, je détruirai Paris. »

Cette destruction me semblait chose horrible à penser.

La plume, Messieurs, a-t-elle trahi ma pensée ? — Cela est possible ; mais je l'affirme, je n'ai pas eu d'autre pensée que celle-ci : « Conciliation, car tuer Paris, c'est enlever à la France une partie de sa grandeur. » Ne cherchez donc pas autre chose dans ces expressions incriminées dont *la généralité même* indique bien la pensée.

Et du reste, ai-je besoin d'insister pour prouver que c'est bien là la pensée maîtresse ; vous en avez la preuve dans ce qui suit.

Ce que j'ai dit de Paris, vous pouvez le lire dans le *Journal des Debats,* dans le *Journal de Paris*, journaux peu suspects d'avoir pactisé avec *l'insurrection.*

Extrait du *Temps* du 26 avril :

« M. Dufaure signale avec une âpreté excessive [à l'attention des parquets les partisans d'une conciliation que nous sommes portés comme lui à croire *désormais* peu réalisable, mais qui a été souhaitée et qui l'est encore par plus *d'un esprit élevé, par plus d'un bon citoyen.* Mais nous touchons, il faut l'espérer, aux dernières convulsions de cette lutte détestable, et le procureur général même le plus pressé, ne trouvera pas le temps d'intenter un seul de ces procès, dans lesquels un zèle intempérant pourrait englober jusqu'à des tendances. »

Extrait des *Débats* du 1er juin :

« Ne perdons point courage et surtout ne perdons point le jugement. Dans les heures présentes, nous devons faire comme tous ces soldats de la paix, qui sont accourus de nos provinces pour éteindre le feu. Nos efforts doivent tendre à calmer les éléments de discorde civile, et notre premier devoir est de nous unir pour faire la chaîne.

Le reste viendra à son heure. Peut-être vaut-il mieux que la reconstruction soit anonyme, impersonnelle, comme l'a été la destruction. Il ne faut avoir en ce moment d'autre drapeau que celui de la paix.

« Arborons-le sous les ruines fumantes de ce grand Paris, qui reste et qui restera la tête de la France. Insensés ceux qui voudraient le découronner. Ah ! Paris, ville marquée du sceau de la grandeur et de la douleur, que notre droite se sèche avant de se lever contre toi ! Tu as échangé la couronne de la dissolution et de la dépravation contre celle du martyre et tu as lavé dans ton sang généreux les souillures de ton infâme prospérité. Tes pierres calcinées ont plus d'éloquence que n'en a ce morne Palais, dans lequel l'ombre du grand roi semble promener son ennui solitaire. L'immensité de tes malheurs, et jusqu'à la grandeur même de tes crimes, sont les témoins de la place que tu tiens dans le monde et contre laquelle de puériles faiblesses et de honteuses pussillanimités ne prévaudront pas. »

M. Thiers n'a-t-il pas dit lui-même : « Mon cœur saigne, » quand il donne l'ordre de tirer sur Paris.

Et vous voulez que nous soyons insensibles !

Je voulais donc la conciliation pour éviter ces désastres, trop certains aujourd'hui.

Et vous me direz : comment entendez-vous la conciliation ?

Je réponds à cela, et c'est ce qui est écrit dans mon article.

J'établis ce fait que le mouvement de Paris a été possible, parce qu'il y avait à l'origine de ce mouvement, *dénaturé ensuite*, l'idée de l'autonomie communale ; c'est ce qui explique l'abstention de cette nombreuse partie de la population, qui a souffert aussi, elle, de cette prise de vive force ; car, ô chose terrible à penser : des innocents, beaucoup d'innocents ont dû périr, soit de la mort des insurgés, soit de la mort des combattants de l'armée.

Eh bien, je pensais que les conseils municipaux de France, si bien accueillis, du reste, par M. Thiers, avaient raison de demander la conciliation.

Car au moyen d'une concession municipale, je voyais, je pouvais m'abuser, mais je ne puis toujours être coupable, pour une erreur partagée par la presque unanimité des conseils municipaux de France, je voyais, dis-je, une conciliation possible ; les traîtres, *les gens déshonorés* de ce mouvement laissés *seuls* et la lutte finissait faute de combattants.

C'est ce qui me faisait dire : « Que la province par un mouvement spontané se lève, *non pour combattre, mais pour protester.* » C'est ce qu'a fait la plupart des municipalités de France.

C'est ce qui me faisait dire : « La terreur ne fonctionnait pas au début et quatre cent mille hommes armés demandaient des franchises. »

Donc, je séparai le gouvernement de la Commune devenu la terreur, des intérêts de Paris. Je l'appelle par son nom, la terreur ! Je la proscris ; ne dites pas que j'y applaudis ; j'y applaudirais, si j'étais coupable. Je proteste de *toutes les forces de mon âme contre une pareille pensée. Je proscris la terreur, je la condamne,* et je soutiendrais ceux qui appliquent la terreur ! ! Non, mais je le répète, si tout cela a été possible, c'est que dans le principe, il y avait des revendications de franchises dont quelques-unes seront accordées, j'en suis sûr et je disais : Donnez ces franchises et la guerre civile finira.

Voilà, Messieurs les Jurés, ce que j'ai pensé, ce que j'ai voulu écrire ; il paraît que ma pensée a été mal exprimée. Mais l'inexpérience de la plume ne peut rendre coupable des intentions qui ne le sont pas.

Or, vous avez à juger les intentions. Vous êtes souverain ; à vous d'apprécier dans vos consciences honnêtes et éclairées.

Je vous affirme nettement et loyalement ce que j'ai pensé et ce que j'ai voulu écrire.

Non, aucune solidarité ne peut exister entre moi et les hommes qui ne veulent pas l'ordre.

L'ordre et la liberté sont nécessaires aux sociétés.

Voilà ce que j'ai voulu dire, en prêchant la fin de la guerre civile.

J'ai voulu la conciliation.

Aujourd'hui, la bataille est finie, la conciliation *est désirée par tous*.

Je finis par ces mots, et j'espère que vous direz que je n'ai commis, ni voulu commettre aucune des provocations et apologies, ce dont je suis accusé, et ce dont je suis innocent.

Je demande à mes concitoyens un acquittement. « Il ne faut avoir en ce moment d'autre drapeau, que celui de la paix. »

Je fus condamné à une voix de majorité

CONCLUSION

Il nous faut une République sage et conciliante qui fasse de sérieuses économies, et qui par ses institutions progressistes, ouvre la porte de la petite bourgeoisie au prolétariat qui cessera alors d'être un instrument entre les mains des ambitieux et des sectaires qui allument la torche de l'incendie, comme si c'était là le flambeau qui doit éclairer l'humanité vers un avenir meilleur, et je crois que les hommes qui aiment vraiment leur patrie doivent diriger tous leurs efforts vers le but que poursuivait M. Thiers quand il était chef de l'Etat.

M. Thiers avait à cœur de consolider la République à l'aide de tous les *hommes sérieux* et les *honnêtes gens* qui comprennent que c'est la seule forme de gouvernement possible, et que le triomphe momen-

tané d'un des partis royalistes amènerait indubitable-
ment une catastrophe *autrement terrible* que celle de
Paris.

Les élections générales qui vont avoir lieu, auront
une réelle importance ; il ne faudra rien négliger
pour faire. nommer des hommes qui puissent consolider les choses actuelles.

La monarchie a fait son temps ; c'est au jour où
LA ROYAUTÉ est possible qu'il faut aller verser son
sang pour son roi, mais non après vingt ans de César-
isme et au moment où toutes les aspirations d'un
peuple le poussent vers les réformes.

Le roi Amédée abdiquant au nom de la paix publique, n'est-il pas aussi haut placé dans l'estime des
peuples que sur le trône ?

Henri V préférant les tristesses de l'exil aux joies
d'un trône ensanglanté, n'a-t-il pas droit aux reli-
gieuses sympathies de la France ; le gentilhomme qui
sacrifie de mesquines ambitions à la paix de son pays
a-t-il forfait à l'honneur ? Non, messieurs, et **M.** le
comte de Chambord l'a parfaitement compris; au-
dessus de la royauté, il y a la France ; au-dessus de
la volonté égoïste des partis, il y a le progrès ; et,
enfin, l'idée, l'idée civilisatrice, l'idée féconde qui a
proscrit l'absolutisme, défendu la torture, respecté la
liberté de conscience, créé la *légalité* de l'*égalité* devant
la loi et nivelé la société par le travail.

Autrefois le grand seigneur signait avec une croix et battait la campagne traçant ses conquêtes avec le sang de ses voisins ; le grand seigneur d'aujourd'hui signe en toutes lettres ses ordres de commerce, bat le fer de l'industrie et trace ses conquêtes avec de l'or, et contrairement au bon vieux temps, sème la richesse et donne la vie à tout ce qui l'entoure.

Les forteresses de 1873 sont d'immenses usines où le génie du travail préside à la production et non à la destruction des beaux jours de la Ligue.

Comparez, messieurs, l'action des temps et décidez dans votre âme et conscience si la réaction monarchique a raison d'accuser l'idée moderne.

L'idée moderne a enfin brisé les barreaux de la cage où l'ignorance la tenait esclave, et l'oiseau après avoir pris son essor vers la liberté ne revient pas à la prison qui l'a détenu.

Laissons donc dans l'ombre ces hommes égarés dans les brumes du moyen-âge qui, audacieux jusqu'à la folie ne craignent pas de jeter la France dans de nouvelles aventures afin « d'employer la force » pour disposer sans contrôle des faveurs du pays.

Mais la royauté n'est plus, elle est morte, morte cette fois en martyr et couronnée des lauriers de la paix ; c'est là le miracle du temps qui prouve les décrets de celui qui décide de la volonté des hommes et de celle des rois.

La royauté abdiquant au nom de l'idée moderne ! la légitimité enveloppée dans son drapeau tenant fermement la hampe où flotte son honneur et jetant, avec son dernier soupir, un cri de paix à l'adresse de la France, n'est-ce pas là, messieurs, le doigt de Dieu qui, fatigué des luttes royales, impose au dernier représentant des rois, le châtiment de sa race, sous la couronne du martyr.

Adieu donc, ô royauté fatale ! salut à toi, ô liberté, pleine d'espérance ! n'oublions pas qu'il suffit de lire l'histoire des rois pour vouloir la République.

Ah ! messieurs, si depuis 1848, nous avions conservé la forme républicaine comme gouvernement national, la France toute entière eût opposé une digue infranchissable aux empiètements de la Prusse, notre pays serait encore le plus riche et le plus respecté de l'Europe, jamais un prussien n'eût foulé en vainqueur le sol français et l'empereur d'Allemagne n'eut jamais accroché aux dômes de ses grandeurs le drapeau de la France.

EXPIATION [1]

Dieu a établi dans le monde moral, comme dans le monde physique, des lois qui ne sauraient être violées sans de terribles commotions. Dans le monde physique, cette violation des lois ne peut avoir lieu, parce que les forces qui y sont soumises n'ont point leur indépendance et obéissent d'une manière inconsciente, sans quoi ce merveilleux concert, qui emporte dans son mouvement harmonieux tous les corps célestes, serait susceptible de se rompre en entraînant un effroyable cataclysme. Dans le monde moral, ces lois peuvent être enfreintes, parce que l'homme est libre et a le pouvoir d'abuser de sa liberté, cette haute prérogative qui l'élève, lui, créature si chétive et si faible, bien au-dessus de ces mondes immenses et innombrables, opérant docilement leurs révolutions sous le regard de l'être suprême. Lorsque, dans sa vie privée, l'homme fait un mauvais emploi de cette liberté en lâchant la bride à ses passions, il se met en hostilité avec les lois de la nature, et ne tarde pas à détruire l'équilibre de ses organes qui fait la force de son corps, et alors les maladies arrivent et quelquefois la mort : par là, il expie ses fautes. Si, dans sa

---

[1] Cette page est empruntée au livre de mon ami, M. Pertus, intitulé : *La Guerre.*

vie publique, prenant le crime pour auxiliaire, il poursuit effrontément les honneurs et la toute-puissance, au mépris de l'ordre moral, les perturbations qu'il apporte à cet ordre finissent par susciter un orage qui éclate et le précipite aux profondeurs de quelque gouffre : et c'est là l'expiation dont l'histoire nous offre tant d'exemples.

« La loi d'expiation domine et gouverne le monde, » a dit un écrivain ; cet axiome est d'une vérité incontestable, mais l'esprit humain, emporté par le tourbillon des passions, ne semble pas l'apercevoir. Ainsi donc, comme l'a déjà énoncé l'auteur de ce livre, dans la préface de son poëme de Gaule et Rome, il est de la dernière évidence que la sanction de la morale a lieu, jusqu'à un certain dégré, sur la terre. Sans doute elle n'est pas complète, et de plus, elle ne peut pas l'être, car alors notre liberté serait diminuée, pour ne pas dire anéantie. En effet, si chacun de nos actes recevait immédiatement, dans toute sa plénitude, sa récompense ou son châtiment, nous serions contraints, par un calcul qui s'imposerait à notre volonté, de faire le bien et d'éviter le mal. Par conséquent, notre liberté serait illusoire, et notre mérite nul.

Si, par exemple, comme le dit M. de Maistre, la main du voleur devait tomber sous le tranchant d'un couperet au moment de la perpétration du vol, personne assurément ne se hasarderait à s'emparer de ce qui appartient à autrui.

Mais, pour n'être pas entière, cette sanction n'en est pas moins réelle, et l'histoire en témoigne assez hautement. Sans parler de César, expirant sous les poignards de ses assassins, au pied de la statue de Pompée, sa victime ; du pape Alexandre VI, tué par le poison qu'il avait préparé pour faire périr le cardinal Carneto, dont il convoitait les richesses, et de tant d'autres qu'il serait trop long d'énumérer ici, n'avons-nous pas un exemple frappant dans la personne de Napoléon Ier, mourant sur le rocher de Saint-Hélène, victime de son ambition.

J'engage mes concitoyens à lire la brochure de M. Grévy intitulée : *Le Gouvernement nécessaire*, et la lettre de M. Littré : *Utilité de la République*. Ces communications ont parues du 15 au 23 octobre.

Les papiers secrets de Napoléon III et les dépêches de la guerre de 1870 contiennent aussi d'utiles enseignements, et tous édifieront sur les conséquences d'un gouvernement personnel.

Cette brochure écrite en prévision des élections générales, n'a d'autre but que d'affirmer mon sentiment politique et de réveiller l'opinion à l'idée républicaine qui seule peut amener une solution de paix dans la guerre des partis.

Je viens aussi vous demander un vote de confiance, afin d'aider à la fondation de la République définitive. Quant à aller de porte en porte mendier des suffrages, ma dignité s'y refuse absolument ; ma présence n'affirmerait rien de plus que mes écrits, et si l'écrit c'est l'homme vous devez être convaincu que mes sympathies sont pour *l'ordre moral républicain.*

L'estime doit être la pierre de touche du député, et de même que l'aimant attire les parcelles de l'acier, la considération doit attirer le vote qui est la parcelle de l'estime public.

Mes concitoyens n'ont pas oublié qu'en 1852 je fus sur le point d'être fusillé pour avoir combattu les armes à la main, le coup d'État du 2 Décembre, et que, depuis, je n'ai cessé de défendre les conquêtes de la révolution ; qu'à l'exemple de l'un de nos aïeux qui, au siége de Calais, offrit sa vie pour sauver celle de ses concitoyens, je n'ai pas hésité à offrir la mienne au ministre de la guerre en lui proposant, d'entrer à mes risques et périls dans Paris assiégé ; que j'ai défendu la République au prix de ma liberté, et que je suis prêt à lui sacrifier plus encore pour sauver mon pays de l'absolutisme ; qu'à une époque où il était dangereux d'exprimer un sentiment contraire à la réaction blanche maîtresse de l'autorité, je n'ai pas craint d'affirmer mon opinion dans mes visites aux directeurs de la presse libérale de Paris, c'est vous dire, Messieurs, que je ne suis pas l'homme du lendemain et que vous pouvez compter sur mon dévouèment quand il s'agira de protéger les conquêtes de la révolution, et de voter les réformes qui en sont la conséquence.

Vous connaissez maintenant Messieurs, à quel camp j'appartiens, la presse de mon département à laquelle j'ai l'honneur d'adresser cette brochure, me laissera-t-elle encore aujourd'hui dans l'ombre livré à mes propres forces comme en 1863, ne sommes-nous pas solidaires les uns des autres, depuis 1848, ne suis-je pas resté fidèle à mes principes, ai-je cessé de défendre les idées modernes et les conquêtes de la révolution !

Inspiré par cette devise de l'honneur : « fais ce que dois, advienne que pourra » je n'ai fait que mon devoir, mais mon cœur est profondément attristé du silence qui se fait autour de mon nom, non pour moi, croyez-le bien, mais à cause des principes que je défends, et je me demande s'il faut encore aujourd'hui, posséder le prestige de la fortune, du château ou du nom pour avoir droit de conquête dans l'opinion de ses concitoyens.

Je croyais qu'un vote bien acquis à la République était chose assez sérieuse par ces temps de faiblesse, d'hésitation, disons le mot, de lâcheté, pour mériter l'appui d'un parti que j'ai défendu en des temps moins heureux.

Nous sommes bien loin des temps où Mucius Scævola regardait froidement, en face de ses oppresseurs, se consumer sur un fourneau ardent, la main qui s'était trompée dans la vengeance, et qui n'avait pas réussi à frapper de mort le tyran de sa patrie.

Retourne-toi vers le passé, date fatale de 1870 et vois ce que peut un homme qui aime vraiment son pays. Qu'est-ce donc quand tout un peuple réclame ses franchises.

***

Quimper, **27** novembre 1873.

Messieurs,

J'ai attendu, avant de mettre au jour cette brochure, que le Comité libéral du Finistère ait décidé du choix de son candidat. J'apprends ce matin, que d'un commun accord, et à l'*unanimité*, il propose M. SWINEY, ancien membre de la Constituante de 1848.

Vous tous, mes chers concitoyens, qui êtes reconnaissants des bienfaits de la Révolution, votez sans hésitation et avec confiance pour le candidat que vous propose le Comité républicain de votre dépar-

tement. **M.** Swiney, mérite à tous égards vos suffrages ; il aidera, soyez en sûr, à fonder le gouvernement d'UNION dont nous avons tant besoin, et,
par ce vote, vous prouverez au pays, que si les Bre-
tons « sont les premiers soldats du monde » ils sont
aussi de bons patriotes qui n'hésitent pas à sacrifier
leurs préférences pour le bien de tous.

Les élections de 1870 faites dans un moment de
surprise ont été bien fatales à la France ; elles ont
amené bien des maux que la prudence m'interdit de
dévoiler ici. Les transactions commerciales ont été
suspendues, bien des millions ont été perdus, et
tout cela parce que la province, comme pour la mode
des vêtements, hésite à accepter la mode des idées et
reste stationnaire.

Nous sommes bien avertis cette fois, que la peur
est mauvaise conseillère, allons droit à l'épouvantail
que la réaction place au sommet de l'arbre de la liberté, comme si nous étions des merles qu'on effraye ;
cassons la tête au vieux bonhomme de paille que l'on
nomme préjugé, jetons au vent ses défroques de
mauvaises teintes tout au plus bonnes à prendre les
grenouilles de la monarchie, qui croquées à belles
dents par leur souverain le héron, l'acclame à nou-
veau, et, plus prudent et plus sage, marchons au
progrès qui a toujours eu des faveurs pour les générations qui l'ont accueilli et honoré, tandis que l'absolutisme n'a fait que moissonner la vie de nos pères

comme des gerbes de blés sous la faux du mois sonneur.

Torr e ben, comme disaient nos pères.

Cassons-lui la tête aussi à celui-là, et après avoir détruit ces obstacles du vieux temps, marchons à la République, en prenant pour chef des hommes honorables et dignes comme celui que l'on vous propose.

Votons à l'unanimité pour le candidat de l'ordre moral républicain, et continuons, par la nomination de M. Swiney, le mouvement progressiste des élections du 2 juillet 1871.

Accueillons avec respect l'idée moderne; elle nous protégera et nous aidera à fonder le gouvernement du pays par le pays.

Ulric LE NORMANT DES VARANNES.

LETTRE DE 1864

Alimentation dans les Ports maritimes.

Je voudrais aussi voir l'État créer, à l'exemple de Paris, des fourneaux économiques dans les ports, afin que les travailleurs puissent se procurer à leurs repas une nourriture saine et confortable.

A Paris, pour 35 centimes, l'ouvrier se procure un *ordinaire,* composé de la soupe, du bœuf et des légumes.

En province, le travailleur n'a pas cet avantage hors de chez lui, il est obligé d'acheter en détail des viandes de charcuteries qui lui coûtent fort chères et qui n'offrent pas la même nourriture substantielle que le bouillon, le bœuf et les légumes chauds.

Un grand nombre de ces ouvriers habitent fort loin du port ; beaucoup font de trois à quatre lieues pour rejoindre le lieu de leur travail ; par tous les temps, ils quittent le logis à des heures trop matinales, pour que la ménagère, quelle que soit sa sollicitude pour son mari, puisse lui servir à son départ le fortifiant consommé que l'État lui livrera à prix coûtant.

Si l'industriel de Paris trouve un bénéfice en vendant des aliments pour 35 centimes, l'État, dont les approvisionnements sont faits sur une grande échelle, pourra livrer ses denrées à un prix, sinon plus modeste, en plus grande quantité.

Quant à moi, je ne doute pas qu'à cette époque de généreuse initiative pour tout ce qui est d'intérêt général, le préfet maritime ne daigne prendre en considération les intérêts matériels si intéressants de ses travailleurs (1).

Je voudrais aussi voir substituer l'élection, en ce qui concerne la marine et les hauts emplois administratifs.

Il est incontestable que des employés supérieurs qui se voient journellement, sont plus à même que qui ce soit d'apprécier le mérite, la valeur réelle de leurs camarades.

Réunis pour élire un chef, leur dissentiment sera rarement en défaut ; ils savent bien quels sont les plus capables et les plus méritants d'entre eux. Le mérite transcendant percera toujours, et l'appréciation entre collègue ne se laissera jamais égarer par la partialité.

---

(1) Quant aux vêtements d'hiver et aux chaussures, l'État y pourvoirait comme pour l'armée. Ce sont aussi des employés de l'État.

On évitera ainsi les froissements que font naître les actes du fa-voritisme et les passe-droits (1).

On ne verra plus les nominations scandaleuses, qui font dire que les places n'appartiennent pas aux plus dignes, mais aux mieux apparentés.

La courtisannerie ne sera plus encouragée, mais l'émulation, ce sentiment si noble et qui produit de si bons effets.

Par l'élection, on fera taire les jalousies, ces dénigrements qui empoisonnent la vie des employés, car celui qui aurr réuni les suffrages de ses collègues aura une autorité incontestée, et tiendra à se montrer digne de l'estime de ses subalternes.

Bien entendu, l'éligibilité ne sera possible qu'après un surnumé-rariat d'une certaine durée.

LE NORMANT DES VARANNES.

J'écrivis cette lettre en 1864. — Les fourneaux économiques ont été créés depuis dans les ports.

---

(1) L'application de ce système, mauvais à tous égards, quand il s'agit de faire des nominations dans les grades inférieurs, serait, pour les hauts emplois, un hommage au mérite réel.